O que você vai ser quando crescer

Karen Kingsbury

Ilustrado por Valeria Docampo

Editora Vida
Rua Conde de Sarzedas, 246 – Liberdade
CEP 01512-070 – São Paulo, SP
Tel.: 0 xx 11 2618 7000
atendimento@editoravida.com.br
www.editoravida.com.br
@editora_vida /editoravida

Editor responsável: Marcelo Smargiasse
Editor-assistente: Gisele Romão da Cruz Santiago
Tradução: Juliana Kümmel Duarte de Oliveira
Revisão de tradução e de provas: Equipe Vida
Diagramação e capa (adaptação): Claudia Fatel Lino

O QUE VOCÊ VAI SER QUANDO CRESCER
© 2014, Karen Kingsbury
Ilustrações © 2014, Valeria Docampo
Originalmente publicado nos EUA com o título
Whatever You Grow up to Be
Copyright da edição brasileira © 2015, Editora Vida
Edição publicada mediante permissão contratual de
The Zondervan Corporation L.L.C., uma divisão
de HaperCollins Christian Publishing, Inc. (EUA)

∎

Todos os direitos desta tradução em língua
portuguesa reservados por Editora Vida.

PROIBIDA A REPRODUÇÃO POR QUAISQUER MEIOS,
SALVO EM BREVES CITAÇÕES, COM INDICAÇÃO DA FONTE.

∎

Scripture quotations taken from *Bíblia Sagrada,
Nova Versão Internacional, NVI* ®.
Copyright © 1993, 2000 by International Bible
Society ®. Used by permission IBS-STL U.S.
All rights reserved worldwide.
Edição publicada por Editora Vida,
salvo indicação em contrário.

Todas as citações bíblicas e de terceiros foram
adaptadas segundo o Acordo Ortográfico da
Língua Portuguesa, assinado em 1990,
em vigor desde janeiro de 2009.

1. edição: ago. 2015
1ª reimp.: nov. 2023

Dados Internacionais de Catalogação na Publicação (CIP)
(Câmara Brasileira do Livro, SP, Brasil)

Kingsbury, Karen
   O que você vai ser quando crescer / Karen Kingsbury ; ilustrações de Valeria Docampo. — São Paulo : Editora Vida, 2015.

   Título original: *Whatever You Grow up to Be*.
   ISBN 978-85-383-0320-6

   1. Ficção – Literatura infantojuvenil I. Docampo, Valeria. II. Título.

15-05289   CDD-028.5

Índice para catálogo sistemático:
1. Vida cristã : Cristianismo   248.4

Para Donald, meu príncipe encantado
Kelsey, meu raio-de-sol
Tylor, minha canção favorita
Sean, meu menino sorridente
Josh, meu gigante gentil
EJ, meu escolhido
Austin, meu milagre
E para o Deus todo-poderoso que — por enquanto — me abençoou com vocês.
— K. K.

Para Géraldine e seu pequeno príncipe Ethan.
— V. D.

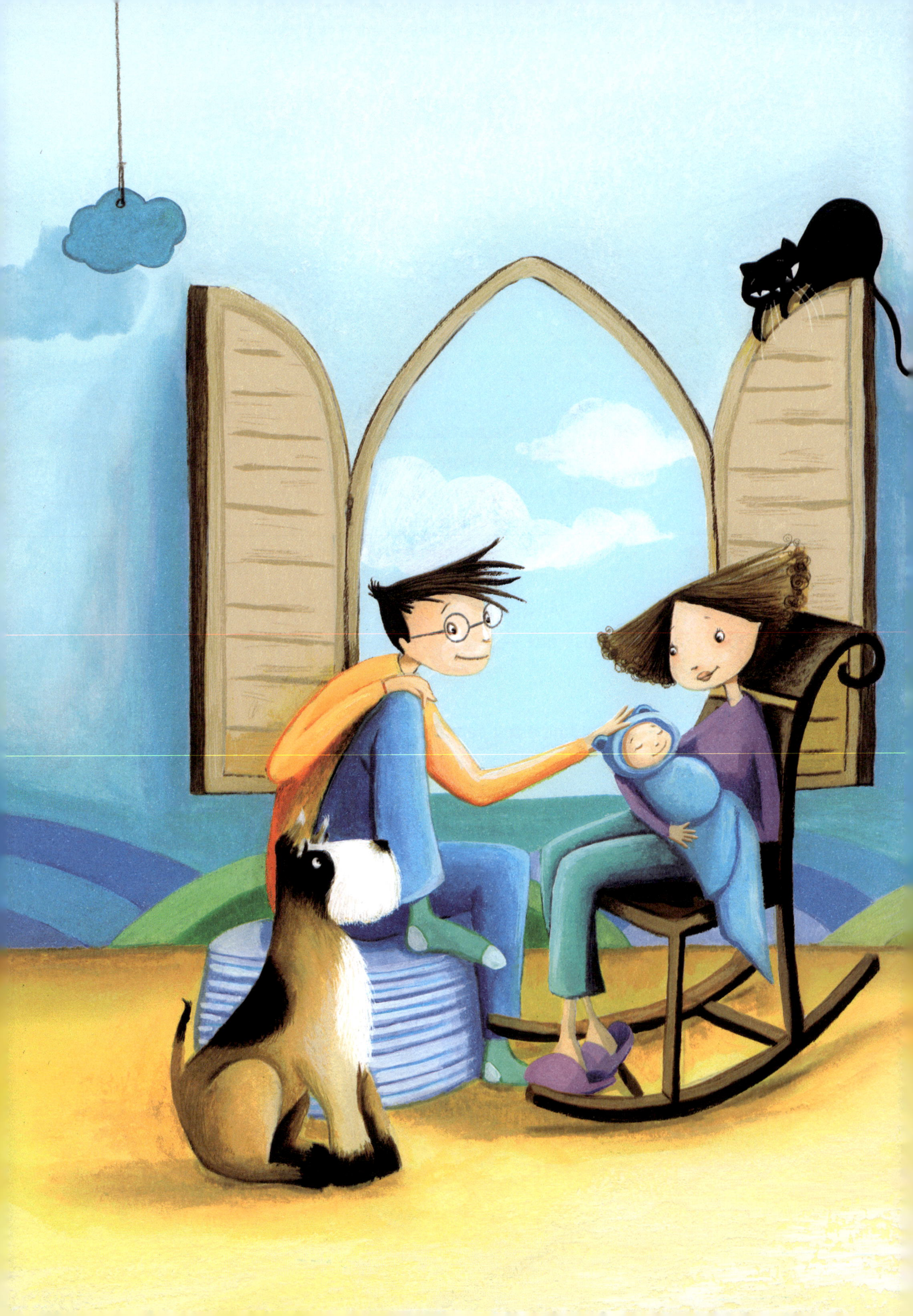

O que você vai ser quando crescer

Karen Kingsbury
Ilustrações de Valeria Docampo

Dez dedinhos, desde o início,
no coração da mamãe,
deixaram vestígio!

"Sua mãe, porém, guardava todas essas coisas em seu coração". Lucas 2.51

Você pula, dá risadas e começa a engatinhar,
com passinhos vacilantes cai no chão,
tentando caminhar.
Você levanta de novo, eu seguro sua mão,
a ficar de pé você aprende então.

Deus tem planos,
mal posso esperar para ver,
o que você vai ser quando crescer.

"Porque sou eu que conheço os planos que tenho para vocês", diz o Senhor, "planos de fazê-los prosperar e não de lhes causar danos, planos de dar-lhes esperança e um futuro". Jeremias 29.11

"Tu o recebeste dando-lhe ricas bênçãos, e em sua cabeça puseste uma coroa de ouro puro". Salmos 21.3

E quando cinco anos fizer
meu menino esperto,
estarei a seu lado, bem por perto.
Uma coroa sobre sua bela cabecinha,
um castelo fortificado ao lado de sua caminha,
Como príncipe majestosamente governará,
Se for isso que quando crescer você será.

"Mantenham-se firmes na fé, sejam homens de coragem, sejam fortes". 1Coríntios 16.13

Aos dez você dirige seu
caminhão de bombeiro,
e resgata qualquer um do aguaceiro.
Um herói, um menino valente, corajoso,
Deixa a mamãe alegre e o papai orgulhoso.
Contra as chamas bravamente você lutará,
Se for isso que quando crescer você será.

Já tem treze anos; um adolescente na escola,
travas e uniforme, certeiro com a bola.

Vou torcer por você em todas as partidas,
Gritar seu nome e sentar na primeira fila.
Uma estrela do futebol — meu jogador brilhará,
Se for isso que quando crescer você será.

"Em ti quero alegrar-me e exultar [...]" Salmos 9.2

"Meu coração está firme, ó Deus!
Cantarei e louvarei com toda a minha alma". Salmos 108.1 (tradução livre)

Chaves do carro nas mãos, dezoito anos fará;
Meninas, amigos e sonhos, você arrasará.
Em sua própria banda guitarra tocará,
e um dia um músico será.
De um continente a outro,
no palco cantará,
Se for isso que quando
crescer você se tornar.

Meu menino bate asas
e vai para a universidade,
Drama, ciência, economia...
quantas possibilidades.

"Dirige os meus passos,
conforme a tua palavra; [...]".
Salmos 119.133

Você se posicionará na liderança.
Um homem de negócios —
minha brilhante criança.
Com fé e honestidade, você trabalhará,
se for isso que quando crescer você será.

"Por essa razão, o homem deixará pai e mãe e se unirá a sua mulher, e eles se tornarão uma só carne". Gênesis 2.24

Uma menina bonita,
o dia do seu casamento...
eu sabia que você só ficaria
por um momento.
Um voto, um beijo para sua esposa agora,
começa uma vida nova nessa hora.
Uma família um dia você criará,
Se for isso que quando
crescer você será.

"Os filhos dos filhos são uma coroa para os idosos". Provérbios 17.6

Dez dedinhos,
desde o início
no coração desta avó
deixam vestígio.

Ele salta, sorri, começa a engatinhar,
com passinhos vacilantes cai no chão,
tentando caminhar.
Ele levanta de novo, eu seguro sua mão,
a ficar de pé ele aprende então.
Deus tem planos, mal posso esperar para ver,
o que esse netinho vai ser quando crescer.

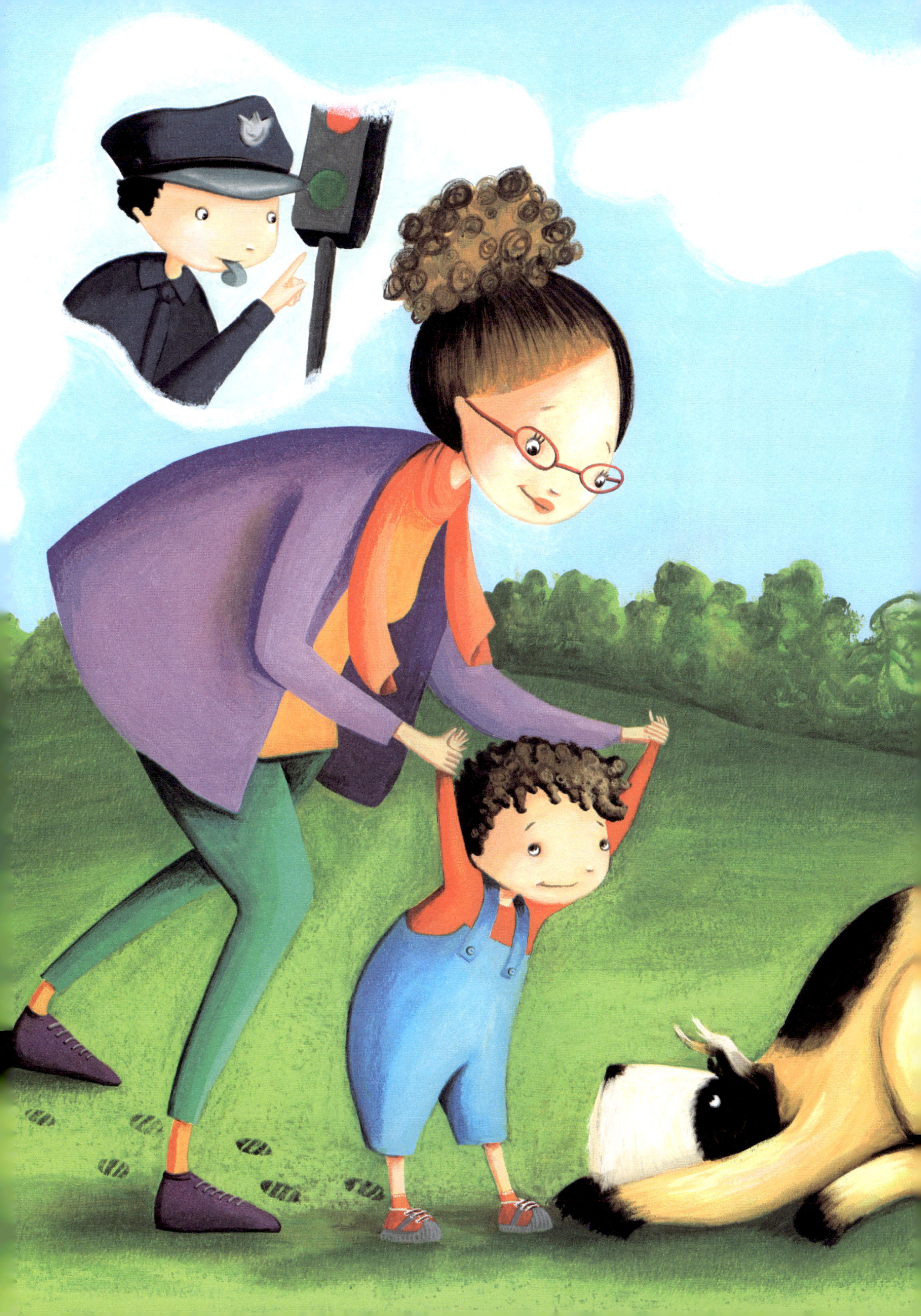

Esta obra foi composta em Sassoon
e impressa por Mundial Gráfica sobre papel
Offset 90 g/m² para Editora Vida.